# XII⁰ CONGRÈS INTERNATIONAL
## DE LA PRESSE

# BERLIN 1908

# RAPPORT

## de M. A. CANTALUPI

SUR

# LE FONCTIONNEMENT DES CONSEILS DE PRUD'HOMMES

DANS LES

# ASSOCIATIONS DE PRESSE

BORDEAUX

IMPRIMERIE G. GOUNOUILHOU

9-11, RUE GUIRAUDE, 9-11

—

1908

# XIIe CONGRÈS INTERNATIONAL

## DE LA PRESSE

# BERLIN 1908

## RAPPORT

### de **M. A. CANTALUPI**

SUR

## LE FONCTIONNEMENT DES CONSEILS DE PRUD'HOMMES

DANS LES

## ASSOCIATIONS DE PRESSE

## BORDEAUX

### IMPRIMERIE G. GOUNOUILHOU

9-11, RUE GUIRAUDE, 9-11

1908

# DU FONCTIONNEMENT

DES

# CONSEILS DE PRUD'HOMMES

DANS LES

## ASSOCIATIONS DE PRESSE EN ITALIE

*Rapporteur :* M. A. CANTALUPI.

Je m'étais proposé de soumettre au Congrès de Berlin un exposé systématique, dogmatique, de la jurisprudence qui s'est formée dans le Collège des Prud'hommes de l'Association de la Presse périodique, à Rome. Pour mener à bien mon projet il était indispensable de posséder un manuel de cette jurisprudence, aussi coordonné que complet, que devait nous donner un très érudit Collègue ; le travail, beaucoup plus considérable qu'on ne le pensait, a dépassé les prévisions, et le manuel n'est pas encore prêt.

Je dois donc me borner, seulement, à quelques citations sommaires qui donneront, toutefois, une idée suffisante dc l'œuvre accomplie.

Il importe de noter, tout d'abord, une particularité. Le statut de l'Association, en 1885, n'avait pas institué un Collège de Prud'hommes, mais une Cour d'honneur, et l'article 32 avait été ainsi rédigé : « Si un différend d'ordre personnel surgit entre confrères, à l'occasion d'une polémique de Presse, ils devront déférer le cas à l'examen de la Cour d'honneur et se soumettre à l'arrêt qui sera rendu. »

Jusqu'alors on n'admettait pas que, pour résoudre des questions d'ordre personnel, entre sociétaires, ou même, des questions de nature purement professionnelle, aussi, entre sociétaires, il put s'établir une juridiction spéciale, volontairement acceptée, sous forme d'arbitrage obligatoire. Encore moins, pensait-on, que cette juridiction pourrait être invoquée par des sociétaires contre tels ou tels, non sociétaires ou étrangers, pour quelque cause que ce fût. Cet état de choses répondait aux conditions particulières de la Presse à cette époque qui, en Italie, n'avait pas encore pris un grand développement, et où le caractère du journalisme de parti dominait exclusivement.

Les journalistes, de leur côté, n'avaient pas encore éprouvé la sensation qu'ils constituaient une classe à part, devant nécessairement s'affirmer, à titre corporatif, pour la défense collective des intérêts communs. Les Associations se formaient donc mais dans un simple but d'union professionnelle ou d'aide mutuelle, inspiré par le sentiment de la bienfaisance, ou encore par les raisons données dans l'article du statut de 1885, indiqué déjà.

Une évolution cependant se préparait, qui allait profondément modifier les conditions mêmes du journalisme. Au type des journaux de partis, qui exerçaient une grande influence, mais qui s'adressaient à un public restreint, allait bientôt s'ajouter un type nouveau, celui du journal plus informateur que doctrinaire, qui voyant naître dans le pays une vie politique étrangère au cercle des grands groupes parlementaires, répugnant à se solidariser avec les partis classiquement établis ou avec les hommes qui les dirigeaient, se refusant à souscrire à leur programme étroit, obéissant à une grande et généreuse impulsion se tourna, délibérément, vers un public infiniment plus nombreux qui, stimulé par une éducation plus largement répandue, manifestait son intérêt, sa passion pour la Chose publique. Mais à cette évolution politique du journalisme devait nécessairement correspondre une évolution économique.

Dominé, dès lors, par l'obligation de satisfaire, de mieux en mieux, aux désirs sans cesse croissants de son public, le journal se trouva contraint de subvenir à des dépenses beaucoup plus considérables, et, pour faire face à des frais infiniment plus importants, dut songer à développer ses moyens de diffusion.

Les moyens ne pouvaient provenir de subsides réguliers ou irréguliers, des amis ou des protecteurs ; il fallait les demander seulement à la clientèle des abonnés, des acheteurs, des fournisseurs de publicité. Ainsi, par le fait même, s'affirmait peu à peu ce principe qu'une entreprise de journal peut être, aussi, une entreprise industrielle qui, sans s'écarter de son idéal, de son but politique, doit être administrée comme une industrie ; bien mieux, les avantages plus larges provenant de cette administration, assurent, non seulement le grand bénéfice moral d'une parfaite indépendance, mais contribuent plus efficacement au culte de cet idéal.

Plus s'affirme le caractère industriel dans les entreprises journalistiques, plus se manifeste aussi le caractère de « Travailleur » du journaliste, plus, par là même, s'augmente l'importance du journal, par l'extension de son tirage, et par la valeur de plus en plus grande de ses rubriques dont la rédaction ne porte pas la marque exclusive d'une croyance politique. Le type du journaliste, dont l'œuvre est exclusivement consacrée à un parti, à un groupe d'hommes, et même à un seul homme, devient de plus en plus rare, disparaît même des grands centres il n'a de refuge que dans les petites localités. Le type qui commence à prévaloir, maintenant, est celui du journaliste qui vise à s'assurer un champ plus vaste d'activité, qui veut pourvoir à la garantie de sa propre situation ou à l'amélioration de sa condition personnelle en ayant affaire, non pas seulement à un seul journal, dans lequel il ne pourrait que végéter et défaillir, non pas seulement à une seule province ou à une grande région, mais à tout le royaume.

Le journaliste devient donc plutôt l'homme de sa profession que du journal dans lequel il l'exerce. Il vit de sa profession et aspire, par elle, à s'élever davantage ; il sent que, dans les difficultés qui peuvent surgir, il ne peut et ne doit point rester à la merci de celui qui l'occupe à sa guise, selon sa plus ou moins grande générosité, mais qu'il a des droits issus de l'énergie de son labeur, de sa contribution aux entreprises journalistiques, qui correspondent aux devoirs qui lui incombent et qu'il a conscience de remplir. Ce n'est pas un fonctionnaire de l'État ou d'une autre grande administration publique ; il a devant lui une carrière tracée, une situation assurée, la garantie, la certitude même d'une allocation pour sa vieillesse. Le caractère de la profession qu'il exerce, les chances fâcheuses d'affaiblissement et d'épuisement de ses forces intellectuelles, qu'il y trouve, les vicissitudes qui peuvent motiver sa démission ou son renvoi, les éventualités de chômage improductif, l'obligent à pourvoir très énergiquement à la défense de ses droits. De cet ensemble de causes, à peine esquissées ou très sommairement indiquées, ici, résulte, on peut l'avancer, l'innovation introduite en 1894 dans les statuts de l'Association. C'est ainsi que l'on ajouta à ces statuts, un article 38, ainsi conçu :

« Le Collège des Prud'hommes statue comme Collège d'arbitres, sans appel, à la demande des parties, et contradictoirement, sur des questions économiques et professionnelles ; il se prononce à la demande, même d'un seul des intéressés, et émet un avis motivé. »
Le rapport expliquait ainsi l'innovation introduite :

« Nous vous proposons de fondre ensemble le Comité d'administration et la Cour d'honneur et de constituer, à leur place, un Collège de Prud'hommes. La Cour d'honneur, comme le nom l'indiquait, devait être un Collège chargé de résoudre les questions chevaleresques entre les sociétaires. L'expérience en a démontré l'inutilité, car, au cours de nombreuses années, aucune action chevaleresque ne fut soumise à son examen.

» Il fallait, au contraire, à nos organisations sociales, un rouage spécial, appelé à statuer, avec compétence, sur des questions de caractère professionnel ou sur des différends d'ordre économique, touchant au journalisme ; ces questions sont posées, ces différends se produisent très fréquemment, cela est notoire, et le verdict autorisé d'un collège professionnel, pour les trancher, est souvent recherché pour le plus grand profit des Journalistes. »

Le statut de 1904 laissa subsister, sauf quelques légères modifications de forme, le texte de l'article 38 du Statut de 1894. Il l'a complété, cependant, par l'autorisation donnée au Collège de prud'hommes de fonctionner comme un collège d'arbitres, selon le Code de procédure civile (art. 8 et 34).

Il pouvait arriver, en effet, que pour un différend quelconque, l'une des parties se montrât peu soucieuse de suivre les voies longues et quelquefois pénibles de la procédure devant la juridiction ordinaire, et que l'autre estimât que la sentence du Collège, simple juridiction professionnelle, ne donnât point de suffisantes garanties, tant au point de vue de la procédure qu'à l'endroit des sanctions. La nouvelle disposition de l'article 40 laisse ouverte, au contraire, cette voie intermédiaire qui offre, tout à la fois, les plus grandes garanties que l'on puisse exiger et l'avantage d'obtenir, par des juges compétents, une plus rapide solution des conflits. Quant à la procédure, il est énoncé qu'en vertu du Code, les arbitres nommés, en raison de la clause de compromis, ne sont pas tenus à observer les règles et les termes établis pour l'instruction des causes devant l'autorité judiciaire, mais peuvent s'en tenir simplement aux formes et aux impressions nettement spécifiées dans le compromis, ou définir encore, eux-mêmes, les conditions et la méthode de la procédure (art. 17). Quant aux sanctions, il est de règle que les sentences des arbitres, à l'exception des appels, les révocations, les annulations, toutes les décisions, enfin, possèdent les mêmes clauses d'exécution, provisoire ou définitive, que les sentences prononcées par les autorités judiciaires.

Ainsi, le Collège des Prud'hommes de l'Association de la Presse italienne, de Rome, et celui de l'Association Lombarde des journalistes, de Milan, en donnant une solution aux cas pratiques déférés à leur jugement, ont jeté les premières bases d'une jurisprudence protectrice des droits de notre caste professionnelle. Au début, assurément, on ne jugea pas en vertu de règles qui n'existaient point encore, ni en vertu d'une coutume qu'il fallait, précisément, former.

Il est certain qu'à l'origine, les différends étaient envisagés et résolus en se basant uniquement sur les principes d'équité qui découlaient, à chaque occasion, du cas lui-même, de ses éléments objectifs et subjectifs.

C'est dans cette première période que l'on élabora ainsi, peu à peu, ces principes fondamentaux :

Le lien qui unit le rédacteur à la direction et, par celle-ci, à l'administration du journal, est un rapport de contrat qui crée des obligations et des droits pour les deux parties ; le renvoi, pour une cause injustifiée, donne droit à une indemnité équitable ; il y a des cas dans lesquels les démissions équivalent au renvoi et doivent produire les mêmes effets, en ce qui concerne l'indemnité. Celle-ci doit être mesurée à la quantité et à la qualité du travail fourni, du temps employé.

Mais il était urgent de réglementer cette jurisprudence élémentaire qui s'était formée d'après le jugement des causes.

Quelques cas particulièrement importants avaient été résolus en méconnaissance, pour ainsi dire, de tous droits. Il fallait une affirmation plus décisive et plus énergique. L'honorable Luigi Luzzatti, président de l'Association de la Presse italienne, estima qu'il était temps de prendre une décision, et il nomma une commission de juristes et de personnalités compétentes en la matière, avec mandat d'étudier un projet de mesures législatives applicable au contrat de travail journalistique. La commission se composa de M. Luigi Luzzatti lui-même, député au Parlement ; de l'honorable Charles Gallini, conseil légal de l'Association, commandeur ; de M. Francesco Filomusi-Guelfi, professeur de droit civil à l'Université de Rome ; de M. Vito Luciani, avocat, et du rapporteur soussigné, M. Andréa Cantalupi. Après de longues discussions préliminaires, le mandat de rédiger le projet fut confié au professeur Filomusi-Guelfi et au rapporteur soussigné.

A l'origine, l'honorable M. Luigi Luzzatti. auquel nous devons surtout être reconnaissants de son initiative personnelle, réellement décisive, estima que, pour assurer la situation économique des professionnels il était nécessaire d'étudier, avant tout, un système de participation aux bénéfices des diverses entreprises journalistiques. Une discussion préjudicielle du projet suffit pour convaincre immédiatement, qu'en tout état, il ne pouvait constituer qu'un élément subsidiaire, que l'on n'obtiendrait de résultat qu'avec le temps, et dans le cas seulement où les conditions particulières de certaines entreprises permettraient d'intervenir. L'opinion prévalut alors que la situation du journaliste devait être garantie en développant et en complétant, organiquement, les principes du contrat et des indemnités, dont il a été précédemment question.

Dans une note du *Foro italiano,* concernant deux jugements du

Tribunal de Rome, des 5 et 19 avril 1901, le professeur Filomusi-Guelfi discuta largement, au point de vue de l'histoire et de la doctrine même du Contrat comparé, la question de la nature du Contrat du travail journalistique, et aboutit à établir ce qui suit :

« En l'État de la législation italienne et en présence du manque de dispositions particulières, le Contrat de travail journalistique est soumis à la règle générale de la *localio conduclio operarum*, autant qu'il peut y être appliqué. L'absolue concordance entre le travail fourni au journal et l'engagement, s'il s'agit surtout d'un journal politique, constitue une qualité essentielle du labeur journalistique et, par conséquent, de l'objet du Contrat.

Si donc, par une modification essentielle de principe dans l'orientation du journal, l'objet du Contrat était dénaturé ou transformé à ce point que la collaboration ne correspondit plus, ni à la conscience, ni aux idées, ni aux convictions politiques sociales ou économiques du journaliste, celui-ci aurait le droit de demander la résiliation du Contrat avec allocation d'indemnité, à titre de dommages. »

Sans entrer dans des discussions théoriques qui nous eussent trop détournés du sujet, on convint de modifier l'appellation de « Contrat journalistique » et de lui donner le nom de « Contrat de location d'œuvres journalistiques ». On en définit, enfin, les lignes fondamentales en les coordonnant d'après la coutume, en étudiant aussi les considérants et les dispositifs des jugements déjà rendus. Beaucoup, il est vrai, opposèrent, non pas tant au point de vue du travail, qu'en raison de l'application pratique, des difficultés insurmontables quant à la constitution juridique d'un contrat de travail particulier avant d'avoir sous les yeux un contrat de travail général. Il en était surtout ainsi parce que l'on avait eu la pensée de faire inscrire en une loi, par le Gouvernement et par le Parlement, non seulement les lignes fondamentales du juste droit, mais aussi la désignation d'une juridiction spéciale, administratrice de ce droit. On fit observer, de plus, que si, pour certaines catégories de travailleurs, moins capables assurément que les hommes de presse de pourvoir à leur propre défense, on avait péniblement comblé, par la loi, les lacunes du Code et les insuffisances de principes juridiques réellement surannés, il semblerait moins justifié de donner immédiate et entière satisfaction aux désirs des journalistes qui ont en mains l'arme du combat civil moderne, la plus redoutable qu'il soit, et qui exercent une profession dont le caractère et l'étendue ne sont pas, à beaucoup de points de vue, bien nettement définis.

Le projet approuvé, de façon préliminaire, dans une réunion tenue à Milan, avec les représentants de l'Association Lombarde des journalistes, puis dans un Congrès réuni à Rome par les représentants de toutes les Associations de Presse italiennes, proposa la création, par une loi, dans chaque district de Cour d'appel, d'un Collège mixte ainsi composé : Un conseiller d'appel, comme président, et quatre assesseurs choisis par le Président lui-même, pour chaque affaire contradictoire, dont deux, sur trois, des candidats présentés par le Directeur, le rédacteur en chef ou le rédacteur ordinaire; et deux sur trois, aussi, proposés par le propriétaire ou par le représentant du journal, comme cela se pratique par les Schöffengerichte allemands, avec mission de procéder de deux façons différentes : soit, d'abord, en conciliation, soit, en second lieu, judiciairement, dans les débats entre le personnel de la rédaction et les propriétaires de journaux ou leurs représentants.

J'omets les détails relatifs au mode de constitution et de fonctionnement de cette juridiction, puisque le projet de loi présenté à la Chambre des députés, après avoir sommeillé longtemps, à l'état de rapport, resta dans les cartons, ne fut jamais inscrit à l'ordre du jour, tomba, selon la règle, à la clôture de la vingtième législature, et ne fut plus représenté. Ce qui resta, au contraire, du projet, ce fut la partie relative à la justification du droit; elle demeura comme une sorte de codification des usages qui provoqua un élan d'organisation plus intense que par le passé, quant à l'activité et à la jurisprudence des Conseils de Prud'hommes, activité d'autant plus grande, jurisprudence d'autant mieux organisée, d'autant plus constante dans ses règles fondamentales, et d'autant plus consciente de son développement, que notre Collège venait de résoudre un très grand nombre et une très grande variété de causes dans toutes les parties de l'Italie, à l'exception de la Lombardie, qui possède la si méritante association des Prud'hommes de Milan, et qui applique une jurisprudence dont les principes fondamentaux sont en parfaite harmonie avec les nôtres.

L'heureux succès de l'œuvre des Prud'hommes de l'Association de la Presse italienne de Rome, est dû, surtout, à deux circonstances particulières, corrélatives l'une à l'autre. Tout d'abord on reconnut, en général, que la jurisprudence, telle qu'elle ressortait des règles et des formules codifiées dans le projet qu'on a cité, n'excédait pas les bornes de la défense équitable des droits professionnels; cela est si vrai que plusieurs directeurs de journaux, en tête desquels il faut placer l'honorable sénateur Roux, déclarèrent expressément vouloir s'y conformer, sans avoir même besoin de la sanction législative; que presque tous les autres consentirent à paraître devant le Collège et acceptèrent ou exécutèrent, sans aucune difficulté, les décisions des arbitres. En second lieu, bien que le Collège soit constitué par les représentants d'une seule des parties — les travailleurs — et que, de par sa nature arbitrale, les mandataires de l'autre partie — les employeurs — devraient concourir à sa formation, il a fait preuve, constamment, d'un très grand scrupule, dans l'exécution et l'application des règles déjà formées et acceptées, d'une très grande équité dans l'appréciation des arguments contradictoires des parties adverses. De là, la confiance qu'on a placée en lui; de là, l'autorité qu'on accorde maintenant, de façon générale, à ses arrêts; de là, le fait, qui s'est plusieurs fois renouvelé, que ses verdicts ont fini par trouver une application concrète, alors même qu'ils étaient rendus en l'absence de l'autre partie, *inaudita altera parte*, parce que cette partie, pour des raisons de convenances toute personnelles, n'avait pas cru devoir ou pouvoir adhérer à la juridiction.

L'heureuse inspiration qu'a eue, au contraire, le Collège, d'inscrire à la base de ses propres décisions les principes formulés dans les projets de loi législatifs, le scrupule avec lequel il les applique, aussi, sont tels, qu'à propos d'un arbitrage de 1907, on a pu écrire : « Si, maintenant, les cas *ex post facto* deviennent beaucoup plus rares, c'est que l'on est en face d'une initiative réelle et d'une rénovation radicale des coutumes.

» L'élément du *bono* et *æquo* (du bien et du juste), qui caractérise les jugements ou les vœux, se trouve déjà, pour nous, graduellement et réellement sanctionné par le dispositif du dit projet, à tel point que nos décisions apparaissent, en quelque sorte, comme des jugements rendus *secundum legem*, avec la garantie des règles connues et volontairement acceptées de ceux qui se soumettent à cette juridiction.

» C'est par la pratique et l'expérience, en tenant la balance voulue entre la règle et la donnée particulière de chacun des cas, que l'on statue, équitablement, sur de nouvelles espèces, sur de nouveaux sujets, qui sollicitent protection et défense. » Cela s'est produit, ainsi, quand il s'est agi des correspondants auxiliaires et des employés du téléphone.

La connaissance et l'acceptation volontaire des règles sur la base desquelles se jugent les différends, ont cela d'avantageux qu'elles découlent de la connaissance préalable des textes et de leur acceptation obligatoire, sauf sanction de la loi de l'État. Beaucoup de juristes, qui suivent avec une certaine sympathie le mouvement de « libre formation du droit », tel est le nom qu'il porte, ont remarqué que, pour le jugement des dommages, s'il est essentiel de faire la part du caractère fixe et obligatoire de la règle, il ne faut pas cependant méconnaître les résultats qui doivent s'évaluer, en raison de la quantité immense des contestations qui ne se produisent pas, ou qui, si elles surgissent, se règlent immédiatement, par un élan d'acquiescement spontané, le plus souvent instinctif et irréfléchi, à la loi que tous connaissent; il en est bien peu qui exigent pour s'incliner que la loi s'affirme par l'action du magistrat.

On peut dire aujourd'hui, tout naturellement, les proportions étant inversées, qu'un tel avantage est assuré par la codification rudimentaire du droit journalistique, d'une part, et, de l'autre, par le fonctionnement d'une sorte de magistrature, qui a pour mission de l'appliquer, d'autant mieux, que ses sentences deviennent obligatoires par un simple appel aux sentiments d'honneur des parties. Nous connaissons déjà bien des cas où il a suffi, pour régler des différends, de la simple invitation d'accepter la juridiction des Collèges; pour beaucoup d'autres différends, encore, la solution a été obtenue par un simple réappel au projet de loi et à notre jurisprudence; nous pouvons enfin citer un certain nombre de conflits qui n'ont exigé ni invitation ni rappel, mais dont la solution et la liquidation des indemnités ont été spontanément effectuées par les promoteurs de l'entreprise, suivant les règles connues et acceptées. Soumettant à une élaboration organique les éléments disjoints, que nous trouvions consacrés par l'usage, nous estimâmes qu'il fallait pourvoir, avant tout, à la protection tutélaire de ceux qui constituent la partie plus faible de la profession, parce qu'ils ne peuvent assurer leur situation au moyen de contrats écrits ou qu'ils ne peuvent stipuler, dans ces contrats, des clauses de haute faveur. Les puissants, ceux qui, d'une façon ou d'une autre, se sont fait un nom et réussissent à l'imposer, se défendent eux-mêmes, font leurs conditions, s'assurent, en dehors des appointements qu'ils fixent, des indemnités d'exception; ont à leur disposition, en cas de contestation, les voies et moyens d'intenter un procès civil, devant la magistrature ordinaire, et peuvent en plus, quand il leur plaît, s'adresser aux prud'hommes pour obtenir une solution plus prompte des différends, et pour s'assurer un appui dans les procès qu'ils poursuivent. Les prud'hommes, en ce cas, ne prennent pas pour base de leurs jugements le droit commun générique, absolu, dont on a indiqué déjà la constitution, mais le droit personnel que les plaignants ont pu se créer par leurs contrats.

Pour assurer la protection des plus faibles, nous sommes partis de ce principe que le simple fait de la prise en service par le Directeur, le Rédacteur en chef et le Rédacteur ordinaire, constituait passation d'un contrat tacite dont nous énumérons, sommairement, les conditions et les effets.

La nomination, à titre d'essai, n'a été admise que pour une période de trois mois, quant aux Directeurs, et pour un espace de deux mois, pour tous les autres rédacteurs; il a été entendu, de plus, que l'épreuve ne pourrait être renouvelée et que, si le travail se poursuivait après l'échéance du terme, le contrat qui a été défini serait considéré comme conclu. Il n'était pas possible de se prononcer autrement puisqu'on entre dans le journalisme par pure et simple impulsion, sans posséder de titres préalables, sans suivre la voie des examens et des diplômes, comme il est d'usage dans les professions « dites libérales » de l'avocat, du médecin et de l'ingénieur. Bien qu'en Italie quelques journaux aient décidé, en principe, de n'admettre de nouveaux rédacteurs qu'à la condition d'être détenteurs d'un diplôme, il demeure généralement établi chez nous, comme à l'étranger, que l'on devient journaliste grâce à un ensemble de capacités spéciales qui ne dépendent d'aucun cours précis d'études; qu'on s'affirme dans le journalisme et qu'on s'y élève aux plus hautes situations en développant ses aptitudes dans les diverses fonctions particulières qu'on est appelé à remplir, en affrontant la rude épreuve du labeur quotidien. Certains contestent même l'utilité d'une école pour la profession. Le journaliste qui veut se faire jour discerne immédiatement les instruments de culture et de préparation qu'il lui faut : il sait très bien comment il faut faire pour les découvrir et les employer utilement.

Trois types de journalistes ont été précisés : le Directeur, le Rédacteur en chef, le Rédacteur ordinaire; un délai maximum d'entrée en fonction a été déterminé pour chacun d'eux, ainsi que nous l'avons indiqué plus haut; on a décidé, par surcroît, que le propriétaire du journal ou son représentant, devraient faire, à tous, notification des renvois avant l'expiration des 5/6 de la période fixée pour la durée du contrat; que cette notification s'opérerait sous certaines formes; qu'il serait entendu, notamment, qu'à l'expiration du délai, dans le cas où le renvoi n'aurait pas été régulièrement notifié, le contrat serait considéré comme renouvelé pour le même espace de temps.

Les indemnités sont consécutives au renvoi, elles ont été appréciées, d'abord, de façon générale, en prenant pour base du calcul la difficulté qu'aurait le journaliste renvoyé à trouver une occupation équivalente et le temps qu'il lui faudrait pour se la procurer. La jurisprudence du Collège tendit au développement de ce principe que l'indemnité correspondant à la perte de temps doit être payée, alors même que la décision de renvoi n'est pas immédiatement ou presque immédiatement suivie d'effet, qu'il s'agit d'une simple communication imposant une limite au travail, dont la continuation est exigée jusqu'au terme. La jurisprudence établit, par contre, que le journaliste congédié ne peut prétendre, même au minimum de l'indemnité, s'il a, manifestement et gravement manqué aux obligations de son service régulier au point de vue moral ou professionnel, et si l'on peut établir qu'il a reçu, à temps, des observations opportunes. Le but est d'éviter, ainsi, que les observations se produisent au dernier moment, presque *in limine litis*, pour donner aux renvois que ne motivent pas des fautes imputables aux journalistes frappés, une justification quelconque, et pour tenter de se soustraire à la contrainte de l'indemnité.

Quant à la fixation précise du *quantum* il a été arrêté que l'indemnité devait être égale à la somme des appointements auxquels le journaliste congédié aurait eu droit si le contrat avait été poursuivi jusqu'à l'échéance ; qu'en tout cas, il ne pouvait être inférieur à 12 mensualités, pour le Directeur, à 9 pour le rédacteur en chef, et à 6 pour le rédacteur ordinaire. La jurisprudence du Collège établit qu'il a seulement appliqué cette seconde disposition des douzièmes.

On n'appliqua point davantage une autre disposition prescrivant, en cas de renouvellements successifs du contrat, en dehors du paiement de l'indemnité ordinaire, le versement d'un douzième en sus, pour chaque année de service accomplie, ce qui, par cette adjonction, faisait atteindre le huitième ; il eut pu en être ainsi, une fois seulement, mais comme le plaignant avait lui-même déterminé, en nombre et en chiffres, sa propre liquidation, le Collège se vit dans l'impossibilité, il s'y trouve toujours, de se prononcer *ultra petitum*.

La jurisprudence a pourtant résolu ultérieurement les principes de ces douzièmes, en divisant l'indemnité en deux parts : l'une fixe, l'autre mobile, pour la concession de l'indemnité.

Il serait injuste, en effet, que celui qui a laborieusement fonctionné pendant un nombre d'années supérieur à la durée minima des prévisions de son contrat, ne reçut qu'une indemnité équivalente aux suppositions primitives. D'autre part il fallait trouver un coefficient qui permît de donner une solution précise et équitable à des cas aussi nombreux qu'imprévus. Il fut donc entendu que la quotité fixe (douze mensualités pour le Directeur, neuf pour le rédacteur en chef, six pour le simple rédacteur), correspondait à l'importance et à l'assurance de la position. La quotité mobile fut proportionnée au mérite, découlant de l'ancienneté, et s'élevant graduellement avec elle. Plusieurs fois la question se posa de savoir si, comme pour la part fixe, la quotité mobile devait être basée sur le chiffre du dernier appointement payé par le journal.

Deux opinions opposées se produisirent au sein du Collège.

Quelques-uns penchèrent pour l'affirmative, en s'inspirant du

principe qui règle le système de pensions des employés de l'État.
D'autres, au contraire, firent observer que le droit à ces pensions
ne commençait qu'après l'accomplissement de la vingt-cinquième
année de service ; que de dix à vingt-cinq ans s'appliquerait la règle
d'autant de mois que d'années et que, moins de dix années de service, ne donneraient naissance à aucun droit. Or, il est très rare
qu'un professionnel travaille sans interruption, à un seul et même
journal pendant un quart de siècle, et, dans ce cas, les meilleurs
journaux d'Italie pourvoient eux-mêmes à sa situation ; il est rare
qn'il collabore pendant une période s'étendant de dix à vingt-cinq
ans ; il ne se produit pas, fréquemment, qu'il atteigne même dix
années. Pour tous ces motifs, le Collège ne crut pas pouvoir établir
de principes absolus et il liquida chaque cas, en particulier, d'après
le sentiment de l'équité, en établissant le rapport voulu entre l'espace
de temps passé dans les différentes fonctions et la quotité des divers
appointements. Un autre principe, auquel s'étaient constamment
soumis les prud'hommes, même avant l'étude des projets de loi,
était de considérer, comme essentiellement nulle, toute clause de
renonciation au droit à l'indemnité. Un arbitrage l'énonçait déjà
en ces termes, en 1900 : « Il est douteux, en général, que des conditions pareilles soient valides ; comment admettre, en effet, que le
travailleur puisse, par anticipation, renoncer, en tout ou en partie,
à ce que l'équité impose à l'employeur de lui donner, en cas de
renvoi imprévu. Il est indiscutable, par contre, qu'il est impossible
d'accorder, même une diminution, pour l'indemnité que la loi pres-
crit de fournir à l'ouvrier victime d'un accident de travail.

L'incertitude est encore plus grande, relativement à la valeur de
ces spécifications quand il n'y a pas concomitance avec le contrat de
location de travail, et qu'elles ne peuvent être envisagées comme
parties conditionnelles du Contrat.

Mais si, comme dans l'espèce, il s'agit de faits postérieurs, l'infé-
riorité et la sujétion, dans lesquelles se trouve l'employé vis-à-vis
de la personne ou du corps moral qu'il sert, frappe d'imperfection
le consentement qu'il donne à quelque modification que ce soit du
contrat d'origine.

Dans l'espèce il s'agissait d'un journal qui, par « règlement
intérieur », avait cru pouvoir rendre obligatoire la susdite renonciation. Le Collège de 1890 se prononça, nettement, pour la
nullité absolue. Dans le projet, si souvent cité, déjà, il fut expli-
citement dit, au contraire, en une disposition précise, que l'on
devait considérer comme nulle toute convention restrictive, quand
on pouvait établir qu'il y avait eu conclusion tacite de contrat par
la simple prise de service, et un renouvellement tacite de ce

contrat, après l'expiration des délais, quand le renvoi n'était pas régulièrement notifié ou quand le motif des démissions était équivalent au renvoi, comme on va le voir.

On a d'abord envisagé le cas où, pour des motifs d'ordres divers, les journalistes professionnels sont contraints de donner volontairement leur démission dans des conditions qui équivalent à un renvoi réel et véritable. Au sein de la Commission chargée d'étudier le projet de loi de prévoyance, le rapporteur soussigné avait fait observer que, tout professionnel entrant dans la rédaction d'un journal, y trouve une triple garantie : garantie économique, dans la personne du propriétaire, garantie politique, dans l'opinion du journal, garantie morale, dans le caractère des personnes qui le dirigent. En dehors du cas de mutation, quant à la propriété du journal, qui peut en diminuer la garantie économique, et de la modification de la ligne politique, qui constitue la seconde garantie, il faut envisager un troisième cas.

Il faut, en somme, pourvoir à ce fait qu'un journaliste, qui possède le sentiment élevé de sa dignité et de son honneur, se voit dans l'impossibilité de poursuivre sa collaboration, s'il se trouve en contact continu avec des gens qui, pour des raisons affectant la moralité communément acceptée, ne possèdent plus, dans son intégrité essentielle, l'estime publique.

L'honorable Luzzatti se prononça en insistant sur la différence caractéristique qui existe entre une violation de droit qui correspond, toujours, à une lésion d'intérêts, et à une incompatibilité morale qui peut donner lieu à des appréciations subjectives et infiniment variables. Dans le premier cas, le jugement a une base certaine; dans le second, il n'a d'autre assiette que des motifs incertains, sans autre valeur que l'impression d'une opinion sur la qualité morale de quiconque. Le rapporteur soussigné répliqua qu'on avait voulu viser le cas d'incompatibilité morale, incontestable, que le juge ou les prud'hommes pouvaient aisément établir. Dans cette hypothèse le préjudice causé est indéniable et peut-être arbitré aussi bien, du reste, que quand il s'agit d'incompatibilité politique. Si on lui refusait une indemnité, on le châtierait, au lieu de récompenser, justement, la délicatesse exquise de son sentiment. Le Professeur Filomusi-Guelfi fit observer, enfin, qu'il fallait évidemment établir une distinction, très nette, entre les rapports moraux et les rapports juridiques, mais qu'en différentes matières la délimitation est fort difficile à saisir et que, parfois, la moralité est l'expression même du droit.

C'est ainsi que fut rédigé cet article du projet :

« Le directeur, le rédacteur en chef, ou le rédacteur ordinaire qui se voient contraints de cesser leur collaboration à un journal, par suite d'un changement de propriétaire, pour cause de fusion d'une feuille avec une autre, pour changement d'orientation politique, ou pour une autre cause grave, qui ne peut leur être imputable, ont droit à une indemnité si le nouveau propriétaire ne leur donne pas des garanties suffisantes pour l'entier accomplissement des obligations prises envers eux, ou si leur présence continue dans la rédaction est inconciliable avec leur dignité.

Dans la note que nous vous avons précédemment mentionnée, le professeur Filomusi-Guelfi établit un parallèle entre cette version et la théorie de la présupposition de volonté qu'il a enseignée, le premier, en Italie, d'après Winsdcheid et Bekker.

Le *conductor operarum* ne peut pas ignorer que l'autre partie, le *locator*, n'entre à la rédaction du journal qu'en croyant trouver dans le contrat, en dehors des garanties économiques ou de l'orientation politique, une tradition morale qui ne soit pas en désaccord avec sa dignité et son caractère. Lorsque ces conditions disparaissent, on ne peut lui imputer sa retraite. Le fait que le préjudice est causé par l'autre partie constitue, à son endroit, une violation des engagements contractuels; il y a donc défaillance contractuelle évidente, d'où ressort l'obligation de l'indemnité. L'auteur cité concluait, au contraire, que ce développement logique de la théorie pouvait tirer son principe des dispositions mêmes du code civil italien, et, plus spécialement de ce texte de l'article 1.124 : « Les contrats doivent être exécutés de bonne foi et contraignent, non seulement à l'exécution de tout ce qui est convenu, de tout ce qu'ils renferment, mais aussi à toutes les obligations qui en dérivent, d'après l'équité, conformément à l'application de la loi ».

Je me suis étendu sur ce point tout particulier parce qu'il est, à mon avis, le plus délicat et le plus important, quant aux rapports établis entre ceux qui imposent le labeur journalistique et ceux qui l'exécutent. Le Collège des Prud'hommes de Rome n'a pas eu, jusqu'ici, l'occasion de se prononcer sur des contestations de ce genre. Elles se présentent peu souvent sous un aspect aussi clair et se dissimulent plus fréquemment, plus facilement, en des controverses qui revêtent un autre caractère. Lorsque la violation des engagements relatifs à la tendance politique est évidente, incontestable, et quand, pour des questions d'ordre réel, telles qu'aliénation ou abandon temporaire de la ligne politique, pour toute autre cause encore, pour des raisons d'ordre personnel, aussi, telles qu'acceptation de rédacteurs, dont la société est jugée inadmissible par celui qui a de la noblesse de caractère, aucun doute ne doit s'élever, la violation des engagements moraux apparaît claire, précise; les contestations prennent, dès lors, un autre caractère, et peuvent se résoudre autrement que d'après les premières données.

Nous considérons, en fait, comme une heureuse conquête professionnelle, les principes dont nous venons de mentionner l'affirmation et auxquels M. Filomusi-Guelfi a donné une valeur juridique si précise. Il s'agit bien d'un cas qui prouve supérieurement l'efficacité préventive de la règle.

A la suite du personnel fondamental, régulier, de la rédaction, vient le personnel qui lui est assimilé. Le projet contient, tout d'abord, à son endroit, une disposition ainsi conçue: « Les correspondants de journaux, qu'ils soient rémunérés par des appointements fixes, mensuels, soit autrement, pourvu qu'ils fassent habituellement du journalisme leur principale profession, sont mis sur le même pied que le rédacteur en chef ou le rédacteur ordinaire en raison de l'importance de leur travail, »

Cette disposition n'a été très justement admise qu'en vue de la situation particulière des bureaux de correspondance de la Capitale, qui, pour le service d'un grand nombre de journaux quotidiens des grandes villes, ont pris, depuis un certain temps, un réel développement, et imposent une œuvre de rédaction professionnelle véritable et indépendante.

Il serait souverainement injuste de ne pas attribuer aux chefs de ces bureaux de correspondances, sur lesquels pèsent de si lourdes responsabilités, la qualification qu'on leur doit, et de les maintenir simplement à titre de modestes rédacteurs.

Quant au calcul des douzièmes, pour ceux qui n'ont pas d'appointements fixes, il est difficile de l'établir, car l'usage des paiements à la ligne ou à l'article, pour le collaborateur régulier à un journal quotidien, est maintenant supprimé.

En tout cas, la première coutume subsiste de fixer le taux de l'indemnité, en prenant pour base la moyenne mensuelle la plus favorable ou le chiffre des appointements de la dernière année ou du dernier semestre.

Il est bien entendu que les correspondants de journaux de peu d'importance, et les attachés aux bureaux de correspondances des journaux plus répandus, sont assimilés aux simples rédacteurs, pourvu qu'ils soient directement engagés par les administrations elles-mêmes.

Mais, étant donné précisément le développement acquis par les grands quotidiens, on a considéré que les directeurs des administrations eux-mêmes étaient en droit, non seulement de faire partie des associations, mais d'être aussi légalement protégés que les professionnels, au sens précis du mot. Dans un arbitrage de 1907, on lit, en effet : « Le Directeur et l'Administrateur sont désormais deux personnalités qui se complètent l'une l'autre. » A moins que le premier ne soit confiné encore dans les fonctions qui, précédemment, étaient celles du Rédacteur en chef, il n'est plus admissible, dans les grandes entreprises journalistiques, qu'un Directeur ne s'occupe pas sérieusement de la partie administrative, ou qu'un Administrateur se désintéresse de la direction. Le langage même s'est modifié, et les appellations ne constituent pas de vains titres, mais de réelles énonciations. C'est pour cela qu'à côté du « Directeur politique » a surgi le Directeur-Administrateur. Le « Directeur-Administrateur », quelque nom qu'on lui donne, le Chef de l'administration d'un journal, dont l'essor est considérable, doit être placé sur la même ligne, au point de vue de l'admission et de la protection, que le Rédacteur en chef.

Une question particulièrement subtile a été posée cependant. La jurisprudence de notre Collège, répétons-le, s'est toujours montrée modérée dans le calcul de la part fixe de l'indemnité, et a pris pour base les derniers appointements, quand il s'est agi de renvois ou de démissions pour un des trois motifs considérés, déjà, comme équivalents au renvoi, parce qu'ils frappent le professionnel en sa fonction actuelle, c'est-à-dire dans l'état qu'il doit tendre à maintenir en passant, même, à d'autres journaux. Nous avons vu comment, au contraire, la question de calcul, qui se pose lorsqu'il s'agit de l'attribution de la part mobile afférente aux années des plus minimes appointements, et même des appointements moyens, qui dépassent, et de beaucoup, le maximum de traitement postérieurement obtenu, n'a pas été résolue.

On s'est posé la question de savoir, pour le Directeur administrateur, ou pour le chef d'administration, relativement, toujours, à l'attribution de la part mobile, si le cumul pouvait être admis pour les années de services accomplis comme chef et comme travailleur auxiliaire, à titre de simple employé administratif. L'équivalence, entre le chef de l'administration et le rédacteur en chef, a été facilement établie; on l'a acceptée sans contestation. Il n'en a pas été ainsi pour l'autre cas. Le simple employé d'administration, attaché à un bureau secondaire de pure gestion intérieure (enregistrement, comptabilité, caisse, abonnements, publicité, etc.), ne peut assimiler sa qualité à celle de rédacteur. Un arbitrage de 1908 résolut la question en ce sens que le cumul ne pouvait s'admettre parce que l'attaché de l'administration conserve le caractère d'employé commercial et que même si, à la longue, il devient chef, il doit liquider les indemnités inhérentes à son premier état, en un autre lieu, en raison des règles qui s'appliquent, suivant les cas, à sa catégorie.

Au cours de cette année, les aides correspondants et les attachés aux téléphones soumirent deux requêtes, mais, étant donnée la nouveauté de leur profession, aucune solution définitive n'est intervenue au sujet de leurs appointements. En tout cas notre jurisprudence tend à développer ces principes :

Les indemnités sont dues aux correspondants auxiliaires et aux téléphonistes quand ils sont employés, directement, par l'administration du journal ou par le représentant autorisé de l'administration, et quand, dans un laps de temps déterminé, leur collaboration devient pour l'administration, un fait patent et incontestable. Ceci étant entendu, on a décidé, dans les deux seuls cas précis qui se soient produits jusqu'ici, que le correspondant auxiliaire et le téléphoniste congédiés, n'ayant pas été employés en raison d'un engagement stable, avaient seulement droit à la liquidation de la part mobile.

Maintes fois les plaignants ont requis, en dehors de l'indemnité habituelle réglementée par le projet, la liquidation de dommages moraux. On s'est toujours prononcé dans ce sens que la demande, bien qu'admissible en elle-même, doit être renvoyée à une juridiction autre que l'arbitration ordinaire. Les prud'hommes n'auraient, pour le trancher, ni base, ni moyen d'appréciation. Les indemnités que le collège accorde, à l'occasion, correspondent seulement à l'évaluation du dommage professionnel, au sens le plus précis et le plus strict du mot. En lui-même, le dommage professionnel est celui que l'on calcule sur la base du temps, de l'importance du chômage, pour chaque employé exclu, et du nombre des années de service. Pour tous les autres cas *prévus par le Code civil*, l'action judiciaire ordinaire peut être intentée par toute personne qui croit devoir demander la réparation d'un dommage.

La jurisprudence des tribunaux italiens admet encore — bien qu'elle soit assez contestable — la liquidation du dommage moral ; le Collège des Prud'hommes, lui, ne croit pas devoir aller jusque-là.

Cependant, la tâche des Prud'hommes ne se borne pas à la solution des conflits de caractère spécialement économique.

Il lui arrive souvent, quand il s'agit, notamment, des admissions, de résoudre des questions de principe concernant les titres professionnels, et de se prononcer, par conséquent, sur les conditions qui règlent officiellement, pour ainsi dire, l'entrée dans la carrière. Il y a, cependant, un certain article 40 du statut de l'Association Italienne qui est ainsi conçu : « Le Collège émet des avis sur les questions professionnelles qui lui ont été soumises, par des sociétaires ou par des étrangers, et il se prononce, sous forme d'arbitrage, à la sollicitation des parties sur des questions de caractère professionnel. » Or cet article a toujours été interprété très largement, par notre législation corporative, qui a décidé que l'avis ou l'arbitrage demandés peuvent s'étendre à toute nature de controverse.

Ainsi, par exemple, cette année aussi, le tribunal arbitral (à la juridiction duquel s'étaient soumises les deux parties), s'est prononcé, par un jugement définitif, dans une très intéressante controverse visant la propriété d'un pseudonyme ; il rendit ensuite, à titre d'avis, une autre sentence (à la requête d'une seule des parties) sur une seconde contestation pleine d'intérêt, elle aussi, ayant trait à la responsabilité morale d'un professionnel qui, ayant imputé à un administrateur public la responsabilité d'actes contraires à l'honneur, — imputation fondée, du reste, — avait été accusé d'avoir causé la mort de cet homme, dont le suicide avait suivi ses provocations.

Les statuts imposent encore aux Prud'hommes l'obligation de se constituer, en suivant la forme qu'ils jugent convenable, lorsqu'un Sociétaire recourt à eux pour résoudre des questions personnelles, ou pour solliciter un avis collectif. Sur l'initiative du Président de l'Association, le député Barzilai, une section du Collège de l'Association se crée, pour fonctionner ainsi, en permanence, et la tentative est d'autant plus opportune, sa réussite d'autant mieux assurée, que le Congrès tenu à Rome, au mois de février dernier, par les représentants de toutes les Associations de la Presse Italienne, pour discuter et réaliser la réforme du Code pénal, relativement aux injures et aux diffamations, par la voie de la Presse, a émis, à l'unanimité, un ordre du jour tendant à prescrire que « lorsqu'il s'agit d'injures et de diffamations de journalistes, les plaintes ne doivent être portées devant les magistrats ordinaires que si, du commun accord des parties, elles ont été déférées préalablement au jugement arbitral du Collège des Prud'hommes, et si, celui-ci, a reconnu l'impossibilité d'un arrangement. »

J'ai traité ainsi, de façon très sommaire, sans entrer dans de grands détails, qui m'auraient entraîné trop loin, la question du fonctionnement de nos Collèges de Prud'hommes ; j'espère avoir donné une idée suffisamment claire de mon sujet et être arrivé, comme il le fallait, à mettre en relief tout ce qu'ils sont parvenus à faire, dans l'intérêt de la profession, en solutionnant non pas seulement, un à un, les conflits soumis à leur jugement, mais en traçant aussi quelques règles importantes, fondamentales, du droit collectif et du droit particulier, en fixant, enfin, les formes spéciales de la juridiction professionnelle.

J'espère pouvoir présenter au prochain Congrès, comme je le disais en commençant, non pas seulement l'exposé systématique de notre droit professionnel, mais aussi les règles de la procédure qui vont se perfectionnant toujours, en s'appuyant sur l'expérience, et qui offrent elles aussi, suivant les conditions de l'adaptation auxquelles elles sont soumises, en raison du temps et des circonstances, un intérêt tout spécial.

Dans son mémoire, que nous avons maintes fois cité, le professeur Filomusi-Guelfi, après avoir avancé que, pour les trois quarts des désistements qui correspondent aux trois suppositions de Bekker, les indemnités sont imposées par l'équité, ajoute : « L'équité, que quelques-uns voudraient bannir, au nom de la législation positive, remplit, pour nous, ses bienfaisantes fonctions rationnelles et historiques ; elle représente et affirme un droit positif qui se forme et comble les lacunes du droit limité à la rigide formule de la loi écrite. » Il est vrai que, pour nous, la fonction historique et rationnelle de l'équité s'accomplit à l'aide des juridictions volontaires spéciales, dont les sentences n'ont d'autre garantie d'exécution que l'engagement d'honneur des parties ; il n'en est pas moins vrai qu'elle s'accomplit, modestement, comme elle peut, mais elle crée des règles et donne des enseignements qui ont quelque valeur pour les hommes qui se livrent, tout spécialement, à l'étude des diverses formes du Contrat de travail, à sa constitution juridique et définitive. Son importance s'élèvera du moins à la hauteur de l'esprit de solidarité et au niveau du sentiment d'union auquel il a donné, comme sanction, des directions et des règles.

Or, c'est dans la solidarité et dans l'étroit accord des volontés que, d'après les plus récentes théories, se trouvent les bases essentielles, incontestables, de la constitution et du perfectionnement du droit.

BORDEAUX. — IMPR. G. GOUNOUILHOU, RUE GUIRAUDE, 9-11.